Pascal Teulade

Potiron

Michel Backès

Le Premier jour d'école

Editions Lito

Ce matin Potiron est à l'école,
mais Potiron n'est pas content.

Il n'est pas dans la même école que Lili.

La maîtresse demande à Potiron de chanter,
mais dès que Potiron commence, le coq dit :
– Tais-toi, tu chantes comme une casserole.
Écoute-moi plutôt ! « Cororicoco !, Cararacaca ! »

Potiron veut faire de la peinture.
Mais – catastrophe ! – le maladroit renverse le pot
sur les belles plumes blanches de la petite oie.

C'est l'heure de la récréation,
une bande de moutons lui propose :
– Tu veux jouer à saute-mouton ?
Potiron essaie.
Mais – patatras ! – il se casse la figure.

Potiron pleure. Bouh, bouh !

La maîtresse Ânesse lui dit gentiment :
– Tu veux faire un dessin ?
Alors Potiron prend un crayon et dessine une fille avec une jolie robe. Il met le dessin dans sa poche...

Dring, la cloche sonne.
Potiron se précipite. Lili l'attend.

Vite, Potiron lui raconte sa première journée d'école.

Potiron lui dit :
– Regarde, je t'ai fait une surprise.
Potiron lui donne son dessin. Lili est si contente qu'elle lui fait un gros bisou.
Comme ça !

Lito
41, rue de Verdun 94500 Champigny-sur-Marne
Imprimé en CEE
Loi n° 49-956 du 16 juillet 1949 sur les publications destinées à la jeunesse
Dépôt légal : février 2003